AF316918

LE BOHÉMIEN,

COMÉDIE EN UN ACTE,

MÊLÉE DE CHANTS;

Par M. P.-A. BRÉARD.

ROUEN.

IMPRIMÉ CHEZ NICÉTAS PERIAUX,

RUE DE LA VICOMTÉ, 55.

—

1840.

LE BOHÉMIEN.

LE BOHÉMIEN,

COMÉDIE EN UN ACTE, MÊLÉE DE CHANTS.

Par M. P.-A. BRÉARD.

PERSONNAGES.

LE BOHÉMIEN.
Le comte ALPHONSE DE BUTNA, seigneur russe.
Le comte ORLONSKI, sous le nom d'ORLOFF, pilote de la Néwa.
PETERDOFF, } Pilotes.
NEVEN, }

MATHÉO, jeune matelot.
Le VEIVODE, juge de village.
ASINOFF, greffier.
PAOLA, sœur d'Orlousky.
PILOTES, MATELOTS, VILLAGEOIS et VILLAGEOISES.

La scène se passe près de Saint-Pétersbourg.

Le théâtre représente une Cabane. — Au fond, une porte d'entrée, avec un buffet d'un côté et une croisée de l'autre. — À gauche du théâtre et près de l'avant-scène, une corbeille d'osier, renfermant le trousseau d'un enfant nouveau né; cette corbeille est placée devant une chaise basse, garnie d'un coussin.— Du même côté, une porte latérale et une table. — A droite, la cheminée et un cabinet fesant saillie, avec porte latérale et une croisée ouvrant sur l'avant-scène. — Le cabinet est garni de chaises grossièrement travaillées.

SCÈNE PREMIÈRE.

ORLOFF, *dans le cabinet de gauche*, **PETERDOFF, NEVEN, MATHÉO, PILOTES.** *Ils entrent par la porte du fond.*

PETERDOFF.

Comment! personne encore de levé? (*Appelant:*) Holà, Orloff, debout, debout!

ORLOFF, *dans le cabinet de gauche.*

Qui va là?

PETERDOFF.

Dieu lui pardonne, il est encore couché!

CHŒUR.

Air :

Allons, allons! point de paresse,
Debout, Orloff, il faut partir!

ORLOFF, *dans le cabinet.*

Partir! Pourquoi? Rien ne nous presse,
Ne puis-je donc en paix dormir?

CHŒUR.

Allons, allons, point de paresse! ·
Ami, hâte-toi!
Ou nous allons nous embarquer sans toi!
Oui, nous allons nous embarquer sans toi!

ORLOFF, *sortant du cabinet.*

Non, vous pouvez vous embarquer sans moi,
Allez, partez, embarquez-vous sans moi.

PETERDOFF.

Comment, morbleu, tu t'amuses à dormir, quand il y a, au bas de la rivière, dix navires qui attendent des pilotes pour monter à Saint-Pétersbourg?

ORLOFF.

J'en suis bien fâché, mais s'ils n'ont que moi pour les piloter aujourd'hui, ils courent grande chance de rester sur leurs ancres jusqu'à demain matin, car, pour aujourd'hui, mon intention bien formelle est de rester à terre. (*Riant.*) Et d'ailleurs, maintenant, voyez-vous, j'ai fortement envie de renoncer au métier!

NEVEN.

Comment! toi, le meilleur marin de la Baltique et le premier pilote de la Néwa, tu voudrais déjà renoncer à la mer à ton âge? Allons donc; c'est une plaisanterie!... Mais alors, dis, qui te nourrira ainsi que ta famille, toi pauvre diable comme nous?

ORLOFF, *riant.*

Moi, un pauvre diable! laissez donc! Hier, oui, mais aujourd'hui c'est bien différent . . . je suis riche !

MATHÉO, *frappant dans ses mains.*

Là ! vous verrez qu'il aura trouvé un trésor !

ORLOFF, *riant.*

Un trésor ! . . . . bien mieux que cela ! . . .
Cette nuit, ma femme . . .

TOUS, *se rapprochant vivement d'Orloff.*

Eh bien ?

ORLOFF.

Comment, vous ne devinez pas ? Eh bien,
cette nuit, ma femme m'a fait cadeau d'un gros
garçon !

TOUS, *riant aux éclats.*

Ah ! ah !

PETERDOFF.

La belle avance ! Tu prends ça pour de la ri-
chesse, toi ! Parbleu, à ce compte là, je serais
donc millionnaire, moi, car, Dieu merci, la
mienne m'en a déjà donné une douzaine, tous
gros et bien portants ! Allons, allons, file ton
câble et viens avec nous !

TOUS.

Oui, oui, partons.

CHOEUR.

Allons, allons, point de paresse,
Viens, dépêche-toi.
Ou nous allons nous embarquer sans toi !
Oui, nous allons nous embarquer sans toi !

ORLOFF.

Non, vous pouvez vous embarquer sans moi !
Allez, partez, embarquez vous sans moi !

ORLOFF.

Eh non, vous dis-je ; impossible pour aujour-
d'hui. . . . (*Riant.*) Et d'ailleurs, ce n'est pas
encore tout . . . !

NEVEN.

A la bonne heure, explique-toi. . . !

ORLOFF, *riant.*

Vous m'interrompez toujours ! Vous saurez
donc (*tous se rapprochent de lui*) qu'hier au
soir, à mon retour de Saint-Pétersbourg où j'ai
été conduire ce trois-mâts anglais, j'étais à

souper tranquillement avec ma femme et ma
sœur Paola, quand on est venu frapper à ma
porte.

PETERDOFF, *avec curiosité.*

Eh bien ?

ORLOFF.

Air :
Eh bien, c'était un pauvre diable,
Demandant l'hospitalité !

PETERDOFF, *vivement.*

Après !

ORLOFF.

Après ?
Je l'ai fait asseoir à ma table,
Et de mon mieux je l'ai traité !

PETERDOFF.

Et ensuite ?

ORLOFF.

Il a couché dans ma chaumière,
Et tranquillement, Dieu merci,
Il a dormi la nuit entière ;
Puis, ce matin, il est parti !
Oui, ce matin il est parti.

PETERDOFF, *haussant les épaules.*

Belle conclusion, ma foi !

MATHÉO.

Comment, maître Orloff, vous avez osé gar-
der cet homme chez vous toute la nuit ?

ORLOFF.

Oui, sans doute, et pourquoi pas ?

MATHÉO.

Comment, pourquoi pas ? et si ça avait été
un voleur ?

ORLOFF, *riant.*

Un voleur, imbécile ! et que diable serait-il
venu faire ici ? Quand tu veux pêcher des an-
guilles, est-ce que tu vas tendre tes filets dans
la forêt voisine ; vas, vas.

Air :
Les voleurs sont gens d'ordinaire
Qui connaissent mieux leur affaire
Et savent distinguer trop bien,
Oui, savent distinguer trop bien
La misère de l'opulence,
Pour qu'aucun d'eux coure la chance
De se faire pendre pour rien. *(Bis.)*

MATHÉO.

Ah ! c'est vrai !... mais allez, c'est égal ; c'est tout de même bien hardi à vous !..... avec ça qu'on dit qu'il n'en manque pas dans le pays, et...

ORLOFF, *l'interrompant en riant..*

Ils t'auront dévalisé peut-être ?

PETERDOFF.

Mais enfin, quel était cet homme ?

ORLOFF.

Ah voilà !... je ne le sais pas bien positivement ; cependant je crois,.. (*tous se rapprochent de lui*) oui, je crois que c'est un Bohémien, car il m'a dit ma bonne aventure !... (*Riant.*) Oh! mais c'est qu'il m'a prédit des choses superbes !

PETERDOFF.

Vraiment! conte-nous donc ça !

ORLOFF.

Imaginez-vous qu'après avoir soupé, nous avons long-temps causé ; nous avons parlé de la France, de l'Angleterre et de la Hollande, où vous savez que j'ai voyagé. Nous avons ensuite parlé du vaisseau qu'on a lancé hier de l'autre bord de la Néwa ! Tandis que nous jasions ainsi, mon garçon a jugé à propos de faire son entrée dans le monde ; et d'abord l'étranger nous a aidés, Paola et moi, à donner les premiers soins à ma femme ; ensuite il a examiné le nouveau né et a trouvé qu'il avait des traits heureux et qui annonçaient qu'un jour il ferait une grande fortune ! Enfin, avant que de nous endormir, croiriez-vous bien qu'il m'a prédit, à moi simple pilote, qu'aujourd'hui même je serais fait capitaine de vaisseau ?

TOUS, *avec étonnement.*

Capitaine de vaisseau !

ORLOFF.

Oui, capitaine de vaisseau ; rien que cela !... Et bien ! quoi ! vous ne me complimentez pas sur ma bonne fortune ?

PETERDOFF, *lui serrant la main.*

Ah oui, de tout cœur, et, pour ma part, je souhaite bien sincèrement que le Bohémien ait dit vrai, car tu es un homme capable, toi ! et quoi qu'il dût m'en coûter de perdre un bon ami...!

NEVEN, *pressant la main d'Orloff.*

Oh oui, un bon ami !

ORLOFF, *gaiement.*

Ah ça ! plaisantez-vous ? Et n'allez-vous pas prendre pour de l'argent comptant les sornettes d'un pauvre diable qui, n'ayant probablement rien à m'offrir pour payer son gîte, a prétendu s'acquitter en flattant ma vanité ! Et d'ailleurs, au diable la fortune et les honneurs, s'il me fallait renoncer à ceux qui nous ont si cordialement accueillis, ma sœur et moi, quand nous sommes venus habiter dans ce village !(*Appelant :*) Paola, Paola !... Ah ça ! mes amis, avant que de nous séparer, je veux que vous buviez à la santé de mon héritier. (*Appelant :*) Paola, Paola !

SCÈNE II.

LES PRÉCÉDENTS, **PAOLA.**

PAOLA, *entrant en courant par la porte de droite.*

Me voilà, me voilà! (*Elle va embrasser Orloff.*) Bon jour, mon ami ! (*Se retournant vers les pilotes.*) Votre servante, Messieurs.

TOUS.

Bon jour, Mamselle Paola !

MATHÉO, *à part.*

Dieu de Dieu ! est-elle gentille, Mamselle Paola !

ORLOFF, *frappant légèrement sur la joue de Paola.*

Cette bonne petite sœur ! (*Montrant la porte de droite.*) Eh bien ! comment va-t-on là-dedans ?

PAOLA.

Oh ! très bien, mon ami ; ta femme vient de s'éveiller ; elle contemple son joli petit chérubin !... La vieille Martha est auprès d'elle !

ORLOFF, *satisfait.*

Eh bien, tant mieux ! Dis donc, sœur, donne-nous cette vieille bouteille de vin ; tu sais bien celle dont m'a fait cadeau un capitaine français? (*Il se met à causer avec les autres pilotes, tandis que Paola va au buffet.*)

PAOLA, *allant au buffet.*

Oui, oui, je sais ! (*Elle passe devant Mathéo, qui la salue gauchement.*) Bon jour, Mathéo !

MATHÉO, *avec une joie niaise.*

(*A part.*) Bon jour, Mathéo ! elle m'a dit : bon jour Mathéo ! hum ! si j'osais. . . .! (*Haut*) Attendez, attendez, Mamselle Paola, je vais vous aider, moi ! (*Il va prendre des verres, qu'il pose sur la table; au moment où Paola y pose la bouteille, il cherche à l'embrasser, et reçoit un soufflet.*)

PAOLA, *à moitié fachée.*

Impertinent ! (*Elle va s'asseoir devant une corbeille qui renferme un trousseau d'enfant, et paraît chiffonner après.*)

ORLOFF, *qui s'est retourné après avoir rempli les verres, voit Mathéo qui se frotte la joue.*

Eh bien ! qu'as-tu donc, Mathéo ? . . . . Allons, mes amis. (*Il montre les verres pleins.*)

MATHÉO.

Oh, ce n'est rien ! (*A part*) Quand je dis que ce n'est rien, j'ai pourtant bien senti que c'était quelque chose ! Mais c'est égal; ça m'a fait tout de même plaisir. (*Il va prendre un verre, et trinque avec les autres pilotes.*)

PETERDOFF, *élevant son verre.*

A la santé du nouveau né !

TOUS, *élevant leurs verres.*

Oui, oui , à la santé du nouveau né !

ORLOFF.

Merci, frères, à la vôtre ! (*Ils trinquent.*) Maintenant, mes amis, il faut qu'un de vous me rende un service !

NEVEN.

Eh bien ! parles , de quoi s'agit-il ?

ORLOFF.

Je vous ai dit que je voulais rester à terre aujourd'hui, et vous pensez bien que ce n'est pas l'attente d'un brevet de capitaine qui m'engage à ne pas vous accompagner , le fait est que je veux faire baptiser mon garçon, afin d'être libre de retourner demain avec vous à la besogne, mais il ne me manque qu'une chose , voyez-vous !

TOUS.

Quoi , quoi ?

ORLOFF, *riant.*

Eh ! parbleu, un parrain ! Nous avons bien une marraine, ma sœur Paola , ça lui revient de droit ! (*Regardant tous les pilotes l'un après l'autre :*) Allons , voyons, mes amis, un homme de bonne volonté ! toi Neven, ou toi Peterdoff ! . . . Mathéo ? . . .

MATHÉO, *à part.*

Dieu , si j'osais ! Ce serait pourtant une belle occasion ! (*Portant les mains à ses oreilles.*) Oui . . . mais !

ORLOFF, *étonné.*

Comment! aucun de vous ne répond ? (*Tous baissent les yeux et gardent le silence.*)

MATHÉO.

Ah dam ! écoutez donc, maître Orloff, c'est qu'il y a bien quelques raisons pour ça !

ORLOFF, *regardant les pilotes.*

Que veut-il dire ?

MATHÉO, *allant voir à la porte si on n'écoute pas , et d'un ton confidentiel.*

Je vais vous conter ça, moi, maître Orloff! . . C'est M. Alphonse. . . !

ORLOFF, *vivement.*

Comment, M. Alphonse.

SCÈNE III.

LES PRÉCÉDENTS, **LE BOHÉMIEN**. *Il reste à la porte et semble écouter.*

MATHÉO.

Eh bien, oui, M. Alphonse : vous savez bien, le beau charpentier qui a les mains si blanches, et qui rôde toujours autour de mamselle Paola quand vous n'y êtes pas !

PAOLA, *à part.*

Sot et bavard !

ORLOFF, *mécontent.*

Eh bien, après ?

MATHÉO.

Après ! eh bien, il a dit comme ça l'autre jour dans le village, que celui qui oserait nommer avec elle aurait affaire à lui.

ORLOFF, *d'un ton ironique.*

Vraiment !

MATHÉO.

Et moi donc ! ne m'a-t-il pas encore menacé hier de me couper les oreilles, s'il me voyait seulement la regarder ; et je vous le demande, là, qu'est-ce qu'il en ferait de mes oreilles, le méchant garnement !

ORLOFF.

Et pourquoi ces menaces ?

MATHÉO.

Ah voilà ! (*confidentiellement*) c'est parce que lui-même il veut être parrain !

ORLOFF, *vivement.*

Lui ! eh bien ! s'il compte là-dessus, il a grand tort, et si ce n'est que dans l'espoir de me voir réclamer ses services qu'il reste pendant des heures entières planté comme un piquet devant ma porte, je l'engage à mettre le cap d'un autre côté !

Air :

Il fera bien de gouverner
Au large, car, dans ma cabane,
Sur moi s'il compte pour entrer,
Il perd son temps à mettre en panne.
Oui, sur mon ame ! il a grand tort,
Et, pour s'éloigner, je l'engage
Pour toujours à virer de bord,
S'il ne veut faire ici naufrage.

MATHÉO, *regardant Paola.*

Là ! bien dit. C'est cà, maître Orloff.

ORLOFF.

Un paresseux qu'on ne connaît ni d'Eve ni d'Adam, qui se dit charpentier et qu'on ne voit travailler nulle part, qui ne sait peut-être même pas manier une hache !

PAOLA, *chagrine.*

Mais aussi, mon frère, tu es trop sévère pour lui ; moi je sais bien que c'est un brave jeune homme, et...

ORLOFF, *de mauvaise humeur.*

Eh bien, après ?

PAOLA, *se levant vivement et prenant la main d'Orloff.*

Oh ! je t'en prie, mon ami, ne me regarde pas avec des yeux comme ça ! (*Hésitant :*) Eh

bien... il m'aime, et ses intentions sont honorables !... il doit te demander ma main, il me l'a encore répété hier !

MATHÉO, *mécontent et avec explosion.*

Là ! j'en étais sûr... elle veut l'épouser ! M. Alphonse... un beau nom, ma foi ! car on ne lui connaît pas d'autre nom ! Fi, mamselle, que c'est vilain de vouloir prendre pour mari un étranger, qui n'a pas de nom de père, tandis qu'il y a ici tant de jolis garçons, car il n'en manque pas ici de jolis garçons, (*se rengorgeant*) on s'en vante qu'il y en a ! et des fils de père et de mère, ceux-là !

ORLOFF.

Comment, Paola, hier encore, malgré ma défense !.... Sœur, tu ne m'aimes pas !

PAOLA, *baissant les yeux.*

Mais, mon ami...

ORLOFF, *lui frappant légèrement sur l'épaule.*

Tiens, vois-tu, ton M. Alphonse me fait plutôt l'effet d'un voleur de grand chemin que d'un honnête homme !

PAOLA.

Ah ! mon frère, comment tu le traites ! lui, un voleur !

MATHÉO.

Oh oui, c'est bien çà, un voleur de grand chemin, et qui mérite d'être pendu !

ORLOFF.

Cette bourse pleine d'or qu'il laissa tomber l'autre jour dans l'église en tirant son mouchoir, où l'avait-il prise ? Tu ne me réponds pas ? Eh bien ! je vais te le dire, moi ; il l'avait volée indubitablement, car un simple ouvrier n'a pas autant d'or à son service ! (*Aux pilotes.*) Ah çà ! mes amis, j'espère que les menaces de ce mauvais sujet ne vous arrêteront pas davantage, et qu'un de vous... (*Moment de silence.*)

LE BOHÉMIEN, *frappant légèrement sur l'épaule d'Orloff.*

Puisque ces braves gens paraissent tant redouter M. Alphonse, touchez-là, maître ; ce sera moi qui serai le parrain de votre enfant... Si vous y consentez toutefois.... et avec l'agrément de la jolie marraine. (*Paola fait un geste de mécontentement.*)

PETERDOFF, *bas à Orloff.*

Quel est cet homme ?

ORLOFF, *bas.*

C'est mon étranger de cette nuit, le Bohémien.

LE BOHÉMIEN.

Et bien, quoi ? vous ne me répondez pas ?.. ah ! je conçois … un étranger !… (*Prenant la main d'Orloff.*) J'approuve votre réserve, vous ne me connaissez pas encore ! Mais soyez tranquille, maître, nous ferons bientôt plus ample connaissance !

PETERDOFF, *à Neven, assez haut pour être entendu.*

Ah ! parbleu, il n'y a pas de presse, avec un Bohémien !

TOUS.

Un Bohémien, un Bohémien ! (*Ils sortent.*)

ORLOFF, *allant après eux.*

A tantôt, mes amis, il est maintenent trop tard pour dériver et je compte sur vous pour la cérémonie ; réunissez-vous tous au premier son de la cloche !

o-88888888888888888888888888888-o

SCÈNE IV.

ORLOFF, LE BOHÉMIEN, MATHEO, PAOLA.

LE BOHÉMIEN.

(*A part.*) Un Bohémien ! ah ! je suis un Bohémien ! c'est bon à savoir ! (*Haut.*) Eh bien ! qu'est-ce ? J'espère que ce titre de Bohémien ne vous empêchera pas d'accepter ma proposition, car vous êtes un homme de bon sens, et vous concevez de reste qu'on puisse être honnête homme, quoique né en Bohème.

ORLOFF, *lui secouant la main.*

Eh bien ! morbleu, allez, c'est dit. Après tout, vous m'avez l'air d'un bon diable ; et, comme vous l'avez dit fort bien, on peut être honnête homme, quoique né en Bohème !

MATHÉO.

Ah oui, un joli pays ma foi ! ousqu'on dit qu'ils sont tous sorciers !

ORLOFF, *frappant sur l'épaule du Bohémien, [en riant.*

Hem ! qu'en dites-vous ? je serai capitaine de vaisseau aujourd'hui, n'est-ce pas ?

LE BOHÉMIEN.

Peut-être avant une heure.

ORLOFF, *riant.*

Et quel est le vaisseau que je dois commander ?

LE BOHÉMIEN.

Mais, celui qu'on a lancé hier probablement, puisque c'est encore le seul qui ait été construit en Russie. (*S'échauffant par degrés.*) Mais patience, j'espère bien que d'ici à quelques années nous aurons une marine qui pourra rivaliser avec celle de l'orgueilleuse Angleterre, et alors… (*S'interrompant.*) Maître, voilà qui est convenu, je serai parrain, à quand le baptême ?

ORLOFF, *qui a examiné l'étranger avec surprise.*

Mais dame, Monsieur, à l'heure qui vous conviendra le mieux, pourvu que ce soit aujourd'hui !

LE BOHÉMIEN.

Eh bien, dans une heure : en attendant, je vous demande la permission de me reposer dans ce cabinet où nous avons passé la nuit. J'ai fait une longue course ce matin, et je me sens fatigué. (*Il va pour entrer dans le cabinet de gauche, et revient.*) Ah ! j'oubliais, ne pourriez-vous pas me procurer un commissionnaire sûr pour porter de suite cette lettre à Saint-Pétersbourg ?

MATHÉO.

J'irai, moi, M. le Bohémien, si vous voulez !

LE BOHÉMIEN.

Toi, pourquoi pas ? (*Il lui donne une lettre.*) Le premier passant t'indiquera l'adresse. Va, et reviens promptement, et, pour ta peine…

MATHÉO, *l'interrompant et à demi-voix.*

Vous me direz ma bonne aventure quand je serai de retour, n'est-ce pas ?

LE BOHÉMIEN, *riant.*

Soit ! et j'y ajouterai quelque chose de plus solide ! (*Mathéo sort en courant, et le Bohémien entre dans le cabinet.*)

SCÈNE V.

ORLOFF, PAOLA, LE BOHÉMIEN (*dans le cabinet.*)

PAOLA. *Elle examine un instant son frère, qui paraît absorbé dans ses réflexions.*

Eh bien, Monsieur, vous ne me dites rien! A quoi réfléchissez-vous donc comme ça. (*Se levant et allant prendre la main d'Orloff.*) Mon bon frère, est-ce que tu me boudes ?

ORLOFF , *sortant de ses réflexions et frappant sur le bras de Paola.*

Dis donc, Paola, as-tu remarqué avec quelle assurance cet homme m'a parlé ?, S'il m'avait dit la vérité, si j'allais effectivement être fait capitaine.

PAOLA.

Eh bien, moi, je n'en serais pas du tout étonnée, car, vois-tu, frère, tous nos pilotes proclament hautement que tu es le seul Russe qui soit capable de conduire un navire en pleine mer, grâce aux leçons que tu as reçues du bon missionnaire qui nous a ramenés de Sibérie !

LE BOHÉMIEN , *dans le cabinet.*

Que dit-elle ?

ORLOFF , *à demi-voix.*

Silence donc, sœur ! ne sais-tu pas que nous ne devons jamais parler de cela ! La route que nous avons parcourue alors n'est pas tellement encombrée de neige qu'on ne puisse y retourner !

PAOLA.

Le czar Alexis fut bien injuste, car le bon missionnaire m'a souvent répété qu'il n'avait jamais eu de sujet plus dévoué que notre pauvre père.

ORLOFF , *s'échauffant par degrés.*

Et cependant, il fut déclaré traître; ses biens furent confisqués; son nom fut voué à l'infamie, et il fut condamné, lui et les siens, à aller mourir dans l'exil !

LE BOHÉMIEN , *dans le cabinet.*

Qu'ai-je entendu ?

ORLOFF.

Tiens, ma bonne Paola, je te le répète , ne parlons jamais de cela, il y va peut-être de notre tête ! Rappelle-toi, d'ailleurs, ces dernières paroles de notre père mourant : « Si jamais vous parvenez à retourner en Russie, cachez-vous dans l'obscurité, et surtout ne prononcez jamais le nom d'Orlonski ! »

LE BOHÉMIEN , *dans le cabinet, et avec le plus grand étonnement.*

Est-ce bien possible ! Les enfants du comte Orlonski dans cette chétive cabane !

ORLOFF , *sortant de ses réflexions.*

Chut ! n'as-tu rien entendu ? (*Paola fait un signe négatif.*) J'aurais juré que cet homme avait parlé ! Les oreilles me tintent toutes les fois que je prononce ce nom qui fut illustré par notre aïeul ! (*Il s'appuie la tête dans ses mains.*)

PAOLA , *avec émotion.*

Pauvre frère !

ORLOFF , *avec effort.*

Ah! bah! quel enfantillage! Eh morbleu! le nom d'Orloff en vaut bien un autre, après tout, et si notre aïeul illustra le sien, je puis en faire autant :

Air :

Oui, si, jadis, au milieu des combats ,
Par sa valeur il illustra sa vie,
Si , dans les camps, il brava le trépas.
Moi , chaque jour, sur mer, je le défie!
Vers les vaisseaux qu'au loin je vois venir,
Quand je m'élance, à travers la tempête ,
Souvent la foudre éclate sur ma tête,
Lorsque les flots s'ouvrent pour m'engloutir !

Oui, si notre aïeul a pu faire son chemin comme soldat, je puis bien faire le mien comme marin !

LE BOHÉMIEN , *dans le cabinet.*

C'est un homme de cœur ! (*On entend sonner dix heures.*)

ORLOFF.

Déjà dix heures , et la cérémonie est pour onze ! Je n'ai pas de temps à perdre, et je cours chez le pasteur pour le prier de se tenir prêt ! A tantôt, sœur ! (*Il l'embrasse sur le front et sort.*)

SCÈNE VI.

PAOLA, LE BOHÉMIEN *(dans le cabinet.)*

PAOLA, *regardant son frère aller.*

Ce bon frère! comme il m'aime! Oh mais! c'est que je l'aime bien aussi!... Et cependant, je le contrarie en souffrant les assiduités de M. Alphonse.

Air:

> Je voudrais,
> Je voudrais
> Pouvoir en tout lui complaire;
> Mais, alors,
> Mais, alors,
> Mais, alors, comment donc faire?
> Car je voudrais, je le sens,
> Conserver, en même temps,
> L'amitié de ce bon frère,
> Et l'amour,
> Et l'amour
> De celui qui m'a su plaire!

Si mon frère avait raison cependant, si Alphonse cherchait à me tromper, si c'était... Ah! je serais bien malheureuse!

SCÈNE VII.

LES PRÉCÉDENTS, ALPHONSE.

ALPHONSE, *entr'ouvrant la porte.*

Paola!

PAOLA, *surprise.*

Ah!

ALPHONSE, *de la porte.*

Es-tu seule?

PAOLA.

Vous le voyez bien, Monsieur. Ce n'est pas bien de me surprendre ainsi.

ALPHONSE, *qui s'est approché et a pris la main de Paola.*

Chère amie, tu n'es pas fâchée, n'est-ce pas?

LE BOHÉMIEN, *dans le cabinet.*

Il me semble que je reconnais cette voix-là!

PAOLA, *résistant à Alphonse.*

Finissez, Monsieur!... Je devrais bien l'être, fâchée, surtout si j'en croyais mon frère,

car il ne vous aime pas, lui; il prétend que vous êtes un mauvais sujet, que vous n'êtes pas ce que vous voulez paraître, que vous voulez me tromper!

ALPHONSE, *à part.*

Son frère se douterait-il de quelque chose! (*Haut.*) Comment, ton frère prétend...

PAOLA.

Oui, Monsieur, il prétend que vous n'êtes pas charpentier!

LE BOHÉMIEN, *qui a entr'ouvert la porte.*

Parbleu! il n'a pas tort!

ALPHONSE, *à part.*

Aurais-je été reconnu? (*Haut.*) Comment! ton frère pourrait penser....? Mais, alors, que prétend-il donc que je suis?

PAOLA, *embarrassée.*

Dame! mon ami, il dit que.... Oh, mais, vois-tu, moi je n'en crois rien!

ALPHONSE, *intrigué.*

Mais enfin!

PAOLA.

Eh bien il prétend... Il prétend que vous êtes un voleur de grand chemin!

ALPHONSE, *à part.*

Ouf, je respire! (*Haut, riant.*) Ah! je suis un voleur de grand chemin!

LE BOHÉMIEN, *dans le cabinet.*

Mauvais sujet!

ALPHONSE.

Heim!

PAOLA.

Je n'ai rien dit. (*S'approchant d'Alphonse et avec tendresse:*) Oh! mais ce n'est pas vrai, n'est-ce pas, mon ami? tu es un honnête garçon? tu ne veux pas me tromper?

ALPHONSE.

Je te l'ai déjà dit, ma Paola, mon unique désir est de m'unir à toi; mais il me faut d'abord le consentement d'un grand personnage dont je dépens, et aussitôt qu'il aura consenti....

LE BOHÉMIEN, *dans le cabinet.*

Il y consentira!

ALPHONSE, *qui croit répondre à Paola, lui prend la main.*

Oh oui, il y consentira ; je l'espère au moins ; je lui parlerai à la première occasion favorable. Mais il ne faut rien brusquer , pour être plus certain du succès . . . . A propos, chère amie, on vient de m'apprendre que c'était aujourd'hui que tu devais être marraine, et tu sais que tu m'as promis de me choisir pour parrain.

PAOLA, *embarrassée.*

Oui, sans doute, et je le voudrais bien ; mais mon frère ne veut pas entendre parler de toi !

ALPHONSE.

Ah! bah, sois donc tranquille ; je me charge de le décider; et d'ailleurs, il faudra bien qu'il m'accepte, car je doute fort qu'il puisse en trouver un autre.

PAOLA.

Vous croyez , Monsieur! eh bien? c'est ce qui vous trompe , car il en a trouvé un.

ALPHONSE, *vivement.*

Comment, il en a trouvé un ?

LE BOHÉMIEN, *dans le cabinet.*

Ah diable! M. Alphonse prend de l'humeur !

ALPHONSE, *avec colère.*

Quel est donc l'insolent qui a osé . . .?

PAOLA.

Ah voilà ! probablement un homme qui n'a pas peur de toi , celui-là . . . .! C'est un Bohémien !

ALPHONSE.

Comment, un Bohémien ? ton frère consentirait à donner un semblable parrain à son enfant ? Oh ! non, cela n'est pas possible !

PAOLA.

C'est cependant comme ça : la cérémonie est pour onze heures !

ALPHONSE, *avec colère et dépit.*

Pour onze heures ! Oh parbleu! je saurai bien l'empêcher. (*A part.*) Heureusement que je connais le veivode du lieu ! (*Haut.*) Mais aussi, en vérité, c'est qu'on est bien trop indulgent envers ces vagabonds-là , qui , tout en exploi-

tant la crédulité publique , sont des voleurs de profession !

PAOLA.

Oh ! mais celui-ci n'a pas l'air d'un vagabond.

ALPHONSE, *avec une colère concentrée.*

C'est ce que nous verrons... Mais où est-il, ce misérable ?

PAOLA.

Si vous aviez été plus calme , Monsieur , je vous l'aurais dit , mais vous êtes en colère, et vous ne le saurez pas !

ALPHONSE.

Moi en colère ! Eh non ! tu vois que je suis de sang-froid.

PAOLA.

Mon ami , tu promets de ne pas t'emporter !

ALPHONSE.

Oui, oui , je te le promets ... Eh bien ?

PAOLA, *bas.*

Eh bien, il est ici, là, dans ce cabinet ! (*Alphonse va pour ouvrir la porte du cabinet, au moment où le Bohémien en sort.*)

SCÈNE VIII.

LES PRÉCÉDENTS, LE BOHÉMIEN.

ALPHONSE, *brusquement.*

Qui êtes-vous ?

LE BOHÉMIEN.

(*D'un ton sévère.*) Qui je suis? (*S'inclinant.*) Un pauvre Bohémien, Monsieur , pour vous servir !

ALPHONSE, *brusquement.*

Oh oui . . . un . . .

PAOLA *lui met la main sur la bouche pour l'empêcher de parler, et bas.*

Est-ce ainsi que vous m'aimez, Monsieur? est-ce là ce que vous m'avez promis ?

ALPHONSE, *à part.*

J'étouffe de colère. (*Haut.*) Un Bohémien ! mais c'est très honorable ; quand on est Bohémien , on ne s'abîme pas les mains à travailler !

LE BOHÉMIEN, *d'un ton railleur.*

Ah! c'est vrai ! ce n'est pas comme dans votre état, n'est-ce pas, Monsieur ?

ALPHONSE, *à part.*

Je crois, Dieu me pardonne, que ce drôle-là veut railler !

PAOLA, *se plaçant entr'eux.*

Monsieur, vous êtes Bohémien, vous venez de l'avouer. Cette nuit, vous avez dit l'horoscope de mon frère, aurez-vous la même complaisance pour moi ?

LE BOHÉMIEN.

Comment donc, ma gentille demoiselle, mais avec beaucoup de plaisir. Donnez-moi votre main. (*Paola lui donne sa main, qu'il baise.*) Elle est fort jolie, cette petite main-là !

ALPHONSE, *ironiquement.*

Vous trouvez !

LE BOHÉMIEN, *après avoir considéré la main de Paola.*

Oh ! mais c'est du bonheur, rien que du bonheur qu'elle promet.

PAOLA, *avec joie.*

Vraiment, vous croyez ?

LE BOHÉMIEN.

Comment, si je le crois, mais j'en suis persuadé. Je ne vois là que des lignes de prospérité; et, tenez, en voici une d'abord qui annonce que vous êtes sur le point d'épouser un grand seigneur. (*Regardant Alphonse.*) Oui... vous serez comtesse, mademoiselle ! Au reste, vos grâces, votre beauté, vos malheurs, (*plus bas*) vos vertus, voulais-je dire, vous rendent digne du haut rang que vous devez occuper. Mais, que vois-je ? . . . Non, je ne me trompe pas : (*bas*) ce haut rang, vous le possédez déjà; votre naissance est illustre; de grandes infortunes . . . !

PAOLA, *bas, l'interrompant vivement.*

Ah! Monsieur, de grâce !.. assez, assez !.. vous vous trompez, mon frère et moi ne sommes que de pauvres villageois. (*A part.*) Grand Dieu! si cet homme allait nous trahir !

LE BOHÉMIEN, *à Alphonse.*

Eh bien ! Monsieur, qu'en dites-vous ?

ALPHONSE, *d'un ton railleur.*

Moi ! mais je dis que vous êtes très savant dans l'art de lire dans l'avenir. (*A part.*) Cet homme me connaitrait-il ?

PAOLA, *s'efforçant de paraître gaie.*

Tenez, mon cher M. le Bohémien, votre science peut être très grande; mais cependant je puis vous assurer qu'en ce moment vous mettez par à côté, car (*en désignant Alphonse*) je n'aime que lui, et n'épouserai jamais que lui!

LE BOHÉMIEN.

Et c'est très heureux pour monsieur d'être aimé d'une aussi jolie personne. Je ne crois cependant pas m'être trompé. Au surplus, il serait un moyen de contre-épreuve, et si Monsieur voulait aussi me montrer sa main ?

ALPHONSE, *ironiquement.*

Comment donc, mais bien volontiers!

Air :

De votre rare science,
Qui donc oserait douter ?
Pour vous tant d'impertinence
Ne peut être à redouter !
Dans votre art, ma confiance
Est immense, et vous savez
Combien vous la méritez !

Oui, Monsieur, j'ai beaucoup de confiance en vous, et je suis aussi très curieux de connaître les arrêts du destin à mon égard. Surtout ne m'épargnez pas, et dites-moi bien toute la vérité. (*Il lui donne sa main.*)

LE BOHÉMIEN, *d'un ton significatif.*

Tout à l'heure, vous serez à même d'en juger. (*Paola s'approche tout près du Bohémien*)... Diable ! voici d'abord une ligne qui ne dit pas grand'chose de bon !

ALPHONSE, *avec un rire forcé.*

Ah ! ah ! vous croyez ? . . voyons !

LE BOHÉMIEN.

Notez bien, Monsieur, que ce n'est pas moi qui parle, mais bien cette ligne. Voyez-vous cette ligne oblique !

ALPHONSE, *brusquement.*

Eh bien, après ! que dit-elle, cette ligne ?

LE BOHÉMIEN.

Elle dit.... Surtout n'allez pas vous fâcher. Elle dit que vous êtes un franc libertin !

PAOLA, *faisant la moue.*

Comment ! Monsieur, vous êtes un libertin ?

ALPHONSE.

(*A part.*) J'étouffe. (*Avec un rire forcé.*) Oh mais, ce n'est encore rien, et je suppose qu'il y a bien autre chose à dire sur mon compte. Allons, M. le Bohémien, continuez, vous êtes en si beau chemin !

LE BOHÉMIEN.

Ah! encore un mariage! (*Regardant Paola.*) Savez-vous bien, mon ami, que vous êtes bien heureux pour un simple ouvrier, car il s'agit pour vous d'une dame de haut parage, jeune et surtout fort jolie !

ALPHONSE, *cachant mal son trouble.*

Comment ! tout cela doit m'arriver ! Mais savez-vous bien que vous êtes un homme prodigieux ! Vous parlez si bien, qu'en vérité je prends un plaisir infini à vous écouter. (*Il lui donne de nouveau sa main.*) Allons, voyez et tâchez de me dire encore quelque chose. (*Le Bohémien, après avoir examiné la main d'Alphonse, la laisse tomber comme s'il était effrayé.*) Eh bien! vous ne me dites plus rien ? Qui donc vous arrête ?

LE BOHÉMIEN.

Oh rien ! j'avais cru remarquer une autre ligne... Mais il est probable que je me serai trompé !

ALPHONSE, *s'efforçant de paraître gai.*

Oh ! parlez; je suis préparé à tout.

LE BOHÉMIEN, *à part.*

Peut-être ?

ALPHONSE, *présentant sa main.*

Allons, voyons cette autre ligne ?

PAOLA, *vivement.*

Eh bien, cette ligne !

LE BOHÉMIEN.

Non, non, ma gentille demoiselle, je ne puis rien dire, je craindrais trop de vous affliger !

ALPHONSE, *bas et lui serrant la main.*

Oh mais, si je l'exige, moi, vous parlerez, n'est-ce pas ?

LE BOHÉMIEN.

Si vous le voulez absolument.

ALPHONSE, *d'un ton menaçant.*

Parlez.... ou...

LE BOHÉMIEN, *brusquement.*

Assez ! Cette ligne annonce qu'une personne de votre connaissance est fort scandalisée de votre conduite, et pourrait bien vous envoyer faire un tour en Sibérie ! Au revoir, comte de Butna ! (*Il sort.*)

❍❘❘❘❘❘❘❘❘❘❘❘❘❘❘❘❘❘❘❘❘❘❘❘❘❍

SCÈNE IX.

ALPHONSE, PAOLA.

ALPHONSE, *avec la plus grande anxiété.*

Qu'ai-je entendu ? Quel est cet homme ? Il vient de m'appeler par mon nom...! Mais je me rappelle maintenant... ce son de voix... oh non ! cela n'est pas possible .... Je serais perdu !

PAOLA, *accablée.*

Oh oui, perdu ! perdu pour moi! le comte de Butna ici, sous ces habits ! Ah malheureuse ! (*Marques de désespoir, elle va pour sortir.*)

ALPHONSE, *l'arrêtant.*

Paola, un mot encore, ou j'expire à tes pieds !

PAOLA.

Air :

Homme sans foi ! de me tromper encore,
En ce moment, conserves-tu l'espoir ?
Éloigne-toi ; maintenant, je t'abhorre !
Vas, fuis, te dis-je, ou crains mon désespoir !
Sous ces habits en cachant ta naissance,
Ton but, sans doute, était mon déshonneur,
Mais, tu le vois, j'échappe à ta puissance, ⎫
Ce Bohémien a détruit mon erreur ! ⎭ *Bis.*

ALPHONSE, *vivement.*

Eh bien ! oui, je suis le comte de Butna! Il y a quatre mois que je te vis pour la première fois à Saint-Pétersbourg ; ta beauté, la pureté de ton langage, si différent de celui des autres habitants des campagnes, tout en toi me séduisit. Je te fis suivre, et sus bientôt que tu habitais ce village ; je ne pouvais espérer de parvenir jusqu'à toi sous les habits de mon rang, et cependant, avant que de me découvrir, je voulais être certain que ton cœur était libre, qu'il pourrait sympathiser avec le mien; et l'excès de mon amour, j'ose le dire même, de ma délicatesse, m'ont fait prendre ce déguisement !

PAOLA.

Et cette dame de haut parage que vous devez épouser ?

ALPHONSE, *vivement.*

Cette dame ! je te le jure, ma Paola, je ne sais ce que cet homme a voulu dire. Jamais je n'ai aimé que toi, et jamais je n'ai eu d'autres engagements !

PAOLA.

Mais cependant, cet homme paraît bien instruit !

ALPHONSE.

Ah! cet homme a mis là un poids énorme sur ma poitrine ; il n'est certainement pas non plus ce qu'il veut paraître. Oh non, ce n'est pas un Bohémien !

PAOLA, *vivement.*

Vous le connaissez donc !

ALPHONSE.

Non pas précisément, mais je crains de le connaître. Lorsqu'il a prononcé ces mots: au revoir, comte de Butna, le son de sa voix a vibré jusqu'au fond de mon cœur. Mais toi, de ton côté, ne peux-tu rien soupçonner ? Un instant il t'a parlé bas à l'oreille ; j'ai cru remarquer même que tu avais pâli !

PAOLA.

Ah ! c'est qu'il m'a dit des choses qui m'ont fait frémir !

ALPHONSE, *lui prenant la main.*

Ecoute, Paola, m'aimes-tu?

PAOLA.

J'ai pu aimer M. Alphonse simple ouvrier, mais, maintenant, je dois renoncer à M. le comte de Butna.

ALPHONSE.

Mais si Alphonse de Butna t'aime, comme t'aimait Alphonse simple artisan; s'il te conjure de faire son bonheur en consentant à devenir son épouse, et si ton refus devait le rendre à jamais malheureux ? Dis, Paola, le refuserais-tu ?

PAOLA, *émue.*

Oh non ! mais alors je lui dirais : M. le comte, j'ai un frère; adressez-vous à lui, et, s'il consent..

ALPHONSE, *transporté et la pressant sur son cœur.*

Oh ! à moi donc, à moi pour la vie !

SCÈNE X.

LES PRÉCÉDENTS , ORLOFF.

ORLOFF, *d'un ton sévère.*

Vous ici, Monsieur, malgré ma défense. (*A Paola qui paraît suppliante.*) Paola, voici le moment de la cérémonie, allez vous préparer. (*Paola sort, en faisant des signes à Alphonse.*)

SCÈNE XI.

ALPHONSE, ORLOFF.

ALPHONSE.

Monsieur Orloff . . .

ORLOFF, *brusquement.*

Monsieur, je suis le pilote Orloff, oui, un simple pilote de la Néwa.

ALPHONSE.

Eh bien, maître Orloff, j'ai de grands torts envers vous !

ORLOFF,

Comment donc, M. le comte Alphonse de Butna veut bien descendre jusqu'à les avouer !

ALPHONSE.

(*A part.*) Cet homme a déjà parlé ! (*Haut.*) Je ne chercherai point à le nier, Monsieur, oui, il est vrai, je suis le comte de Butna, j'adore votre aimable sœur, et j'en suis aimé ; elle m'a permis de vous demander sa main, refuserez-vous de faire son bonheur et le mien ?

ORLOFF, *avec fierté.*

M. le comte, je suppose que ceci n'est pas une raillerie !

ALPHONSE, *vivement.*

Monsieur, voici ma main !

ORLOFF, *secouant la main d'Alphonse.*

Cette franchise me réconcilie avec vous, M. le comte !

ALPHONSE, *avec joie.*

Ainsi donc, vous consentez ... !

ORLOFF.

Non, M. le comte, je refuse !

ALPHONSE, *avec vivacité.*

Comment, Monsieur, vous refusez ! Vous voulez donc faire mon malheur et celui de votre sœur !

ORLOFF,

Il m'en coûte de vous affliger, mais un peu de réflexion vous fera approuver les motifs de mon refus ! Avez-vous consulté vos parents ? Que diraient-ils d'un pareil mariage ? Oh non, M. le comte, je n'exposerai pas ma sœur à se voir repoussée par une famille qui pourrait se croire déshonorée par notre alliance; ma sœur doit rester dans son obscurité !

ALPHONSE, *vivement.*

Eh! Monsieur, laissez-là ma famille; d'ailleurs, si ce n'est que cette crainte qui vous arrête, d'un seul mot je puis vous rassurer complètement; je suis orphelin ! Oui, je n'ai plus de parents qu'un oncle maternel, vieux seigneur moldave que je n'ai jamais vu, et qui s'occupe fort peu de contrôler mes actions !

ORLOFF.

Mais, au moins vous faudrait-il l'agrément de l'Empereur, car, si l'on m'a bien instruit, vous faites partie de sa maison !

ALPHONSE, *consterné.*

Ah oui! l'Empereur! je n'y pensais plus. (*Il se cache le front dans ses mains.*) Mais non ! oh non, l'Empereur ne pourra me refuser ! Lui-même il n'a consulté que son cœur dans le choix d'une compagne. (*Prenant la main d'Orloff.*) Oh! pas de doute, Monsieur, l'Empereur consentira ... !

ORLOFF, *souriant.*

Eh bien, M. le comte, obtenez son consentement !

SCÈNE XII.

LES MÊMES, **PAOLA**. (*Paola qui a écouté les dernières paroles de son frère, accourt se jeter dans ses bras.*)

ORLOFF, *prend la main de Paola et la met dans celle d'Alphonse.*

Air :

Je vous donne ma Paola,
Cette sœur tendrement chérie !
Aimez-la bien, protégez-la !
A votre honneur je la confie.
J'y consens, soyez son époux,
Soyez toujours son bon génie !

ALPHONSE.

Ah ! je le jure à ses genoux,
Je l'aimerai toute ma vie!

PAOLA. *Elle embrasse Orloff et dit d'un ton calin.*

Ce bon frère ! Maintenant, mon ami, j'espère que ce ne sera plus ce vilain Bohémien qui sera parrain.

ALPHONSE.

M. Orloff, je joins mes sollicitations à celles de votre aimable sœur, et je pense qu'au point où nous en sommes, vous ne me refuserez pas la préférence.

ORLOFF.

M. le comte, un honnête homme n'a que sa parole, et j'ai donné la mienne !

ALPHONSE, *vivement.*

Comment ! à ce soi-disant Bohémien ! Monsieur Orloff, j'ai tout lieu de croire que cet homme n'est pas ce qu'il veut paraître, et je doute fort qu'il ait été mu par de bonnes intentions en se présentant chez vous ! Au surplus, comme je connais le veivode de ce village, je vais l'engager à l'interroger, et si ses réponses ne sont pas satisfaisantes, vous ne m'en voudrez pas s'il est arrêté et conduit à Saint-Pétersbourg. (*Bas à Paola.*) A toi dans quelques instants. (*Il sort; on entend sonner la cloche.*)

SCÈNE XIII.

ORLOFF, PAOLA, PETERDOFF, NEVEN, PILOTES, VILLAGEOIS, VILLAGEOISES.

CHOEUR.

Entendez-vous?
C'est la cloche qui sonne!
Nous voici tous;
Non, parmi nous,
Il ne manque personne.
Nous accourons;
La fête sera belle.
Allons! allons!
Vite, partons!
La cloche nous appelle!

SCÈNE XIV.

LES PRÉCÉDENTS, MATHÉO, *entrant en courant.*

MATHÉO, *il se jette sur un banc.*

Ouf! je suffoque!

ORLOFF, *s'approchant de Mathéo.*

Eh bien! qu'as-tu donc, mon garçon? Te voilà pâle comme un mort. As-tu été poursuivi par quelques mauvais génie?

MATHÉO.

Ce que j'ai... ce que j'ai..! D'abord, laissez-moi respirer un moment. (*Après une pause.*) Allez, quand on me reprendra à faire des commissions pour les Bohémiens, je veux bien qu'on me régale encore les épaules, malgré qu'elles aient été déjà assez bien régalées comme ça. (*Il se frotte les épaules.*)

ORLOFF.

Comment donc ça?

MATHÉO, *de mauvaise humeur.*

Comment? ah! voilà! Imaginez-vous que, depuis que je suis parti, j'ai été poursuivi de guignon! Il faut que ce damné Bohémien m'ait jeté quelque sort; ça, c'est bien sûr.

AIR: *Notre meûnier chargé d'argent.*

J'avais pris mes jamb's à mon cou,
  D' courir j'étais en veine;
J'aurais été jusqu'à Moscou,
  Je crois, sans r'prendre haleine!

J'avais déjà (*bis*) passé l'faubourg,
  Et j'entrais dans Saint-Pétersbourg,
Quand un maudit carlin m'est v'nu chercher dispute
  Et m'a fait (*bis*) faire la culbute!

Tout en jurant, vous pensez bien,
  Sur mes pieds je me r'dresse,
De la lettre du Bohémien,
  Un passant m'lit l'adresse:
Tout aussitôt (*bis*) j'me r'mets en ch'min;
  Au bout d'ma course j'arrive enfin;
Mais là nouveau sujet de deuil et de colère,
J'ai reçu, bien reçu, vingt coups d'étrivière.

ORLOFF, *riant.*

Comment, mon pauvre Mathéo, tu as reçu... (*Il fait un geste significatif.*)

MATHÉO.

Vous riez! mais, si vous aviez été à ma place, vous n'auriez pas ri du tout! — Imaginez-vous que cette lettre du Bohémien, c'était pour le premier ministre. Diable! que je me disais tout en courant, il paraît, tout de même, qu'il a de bonnes connaissances, le Bohémien. Quand j'ai été arrivé, j'ai trouvé à la porte six grands estafiers, des vrais cosaques, qui m'ont arrêté tout court, en me demandant ce que je voulais. — Ce que je veux, que j'ai répondu: eh! parbleu! je veux parler au ministre, pour lui remettre cette lettre! — De quelle part? m'a demandé un gros bouffi avec des yeux qui lui sortaient de la tête? — Oh! il n'y a pas besoin de vous mettre en colère pour le savoir, c'est de la part d'un assez bon diable, à ce qu'il m'a paru, d'un Bohémien, quoi! — D'un Bohémien! qu'ils se sont écriés tous, d'un Bohémien! Tu es le messager d'un Bohémien, et tu veux parler à Son Excellence! Attends un peu, messager du diable! Là-dessus, ils m'ont empoigné, et le knout a commencé à se promener joliment sur mes épaules. Je criais comme un enragé, et, à mes cris, un monsieur a demandé d'où venait tout ce tapage. Je tenais toujours ma lettre que je lui ai montrée; et alors il a ordonné qu'on la lui apportât, et surtout qu'on me laissât tranquille. Sur quoi, les grands escogriffes m'ont lâché; et moi, sans demander mon reste, j'ai pris mes jambes à mon cou et je suis revenu, je crois, encore plus vite que je n'étais allé. Mais aussi, si jamais on m'y reprend, je veux bien qu'un ours blanc se régale de ma peau! Si encore ce damné Bohémien m'avait dit ma bonne aventure avant que de partir, j'aurais su qu'il n'y avait que des coups à gagner à faire sa commission, et je ne me serais pas dérangé. Mais il s'en est bien gardé, le suppôt de Satan !... (*Bas à Orloff.*) Dites-donc, maître Orloff, j'ai rencontré le beau charpentier quand je suis parti d'ici; il était là, à l'entrée du petit bois de sapins.

ORLOFF.

Ah ! Et que faisait-il là ?

MATHÉO.

Ce qu'il faisait? (*D'un ton confidentiel.*) Il a arrêté un homme !

ORLOFF, *d'un ton goguenard.*

Voyez-vous ça !

MATHÉO.

Oh ! oui, et un beau monsieur encore ! Il était tout galonné et monté sur un cheval superbe.

ORLOFF.

Diable ! mais cela devient sérieux.

MATHÉO.

Ce n'est pas encore tout : quand il a été arrêté, le beau monsieur lui a fait de grands saluts, et puis lui a remis quelque chose... Oui, comme qui dirait sa bourse, et puis ensuite il s'est sauvé ventre à terre !... Tenez, maître Orloff, décidément, moi, je pense comme vous : c'est un voleur de grand chemin, le charpentier, et, si vous voulez, je vais aller prévenir monsieur le veivode pour qu'il l'arrête, et ensuite nous le conduirons à Saint-Pétersbourg, où vous savez qu'on donne vingt-cinq roubles pour chaque voleur qu'on amène; et puis, enfoncé le charpentier !

ORLOFF.

Diable! tu es expéditif! Mais as-tu réfléchi que tout le monde ici pourrait bien ne pas être de ton avis. —Demande plutôt à Paola ; tu ne voudrais, sans doute, pas lui faire de la peine, et tu sais qu'elle s'intéresse à lui.

MATHÉO, *bas à Orloff.*

Eh bien ! raison de plus pour nous en débarrasser.

ORLOFF.

C'est très bien ! mais à quoi cela te servira-t-il, si Paola ne veut pas de toi ?

MATHÉO, *vexé.*

Si elle ne veut pas de moi ! Eh bien ! nous verrons !... Je vois bien ce que c'est, maintenant ; elle préfère le charpentier parce que c'est un monsieur, mais, en revanche, moi je suis plus aimable.

PLUSIEURS FEMMES.

Ah ! ah !

MATHÉO.

Vous riez, vous autres ; eh bien ! oui, je suis plus aimable ! et, puisque c'est comme ça, je me vengerai ! Oui, je me vengerai, en me faisant aimer de toutes les filles du village; et, quand elles m'aimeront toutes, je n'en aimerai aucune, et je me moquerai d'elles.

UNE FEMME.

Le bel oiseau, pour courir après lui !

SCÈNE XV.

LES PRÉCÉDENTS, LE BOHEMIEN.

NEVEN.

C'est le Bohémien !   (*Murmure.*)

ORLOFF.

Allons, allons, monsieur, vous êtes en retard; vous voyez que nous vous attendons.

LE BOHÉMIEN.

J'en demande mille pardons à la jolie marraine. (*Apercevant Mathéo.*) Eh bien, mon garçon, tu as fait ma commission?

MATHÉO.

Oh! oui, je l'ai faite, et je dis que je m'en souviendrai, de votre commission, et mes épaules aussi. (*A part.*) Damné de Bohémien, va! (*Bas, au Bohémien, et en montrant sa main.*) Ah ça ! vous savez bien ce que vous m'avez promis.

LE BOHÉMIEN, *souriant.*

Ah ! oui, je m'en souviens ; tu es curieux de savoir ce qui doit t'arriver ?

MATHÉO, *se frottant les épaules.*

Dame, écoutez donc, il vaut mieux tard que jamais. (*A part.*) Au moins, ça pourra me servir pour plus tard.

LE BOHÉMIEN, *après avoir considéré la main de Mathéo.*

Diable ! mais c'est grave, ce que je vois là !

MATHÉO, *effrayé.*

Comment ; qu'est-ce qu'il y a donc ?

LE BOHÉMIEN.

Ce qu'il y a ?... Ma foi, oui... C'est bien ça... Il y a qu'aujourd'hui même, tu auras dix pièces d'or en ta possession, ou que tu seras pendu !

MATHÉO, *se tenant le cou.*

Pendu ! Ah ! mon Dieu, mon Dieu !

LE BOHÉMIEN, *à Orloff.*

Allons, maître, quand vous voudrez, nous partirons. (*Il offre sa main à Paola, et se prépare à sortir.*)

○~~~~~~~~~~~~~~~~~~~~~~~~~~~~~○

SCÈNE XVI.

Les précédents, ALPHONSE, LE VEIVODE, ASINOFF.

LE VEIVODE.

Halte-là ! au nom de l'Empereur, je vous arrête. (*Aux pilotes.*) Vous autres, empêchez-le de sortir.

LE BOHÉMIEN.

Comment, Monsieur, vous voulez m'arrêter, moi ?

LE VEIVODE.

Oui, certainement, vous-même, et vous faire conduire à Saint-Pétersbourg.

LE BOHÉMIEN.

Eh pourquoi cela ? Qu'ai-je donc fait pour mériter tant de sévérité ?

LE VEIVODE, *avec hésitation, et après avoir jeté un coup d'œil sur Alphonse.*

Je n'ai pas de comptes à vous rendre.

LE BOHÉMIEN, *qui a remarqué cette pantomime.*

Ah ! ah ! je vois ce que c'est. Monsieur le veivode, vous êtes un sot !

LE VEIVODE, *furieux.*

Je suis un sot !... Moi un sot ! Vous l'avez entendu, vous autres ! un sot, un homme comme moi !

MATHÉO, *bas au Veivode.*

Dites donc, monsieur le veivode, c'est un sorcier.

LE VEIVODE, *haut.*

Ah ! il est sorcier ! Eh bien ! s'il en est ainsi, il doit savoir qu'un de nous deux couchera ce soir en prison.

LE BOHÉMIEN.

C'est possible, mais, bien certainement, ce ne sera pas moi !

LE VEIVODE.

Vraiment !

LE BOHÉMIEN.

Oh ! bien certainement !

LE VEIVODE.

C'est bon, c'est bon ! nous allons voir ça ! Asinoff, approchez cette table, et écrivez . . . Mettez d'abord que l'inculpé a insulté la magistrature. (*Au Bohémien.*) Qui êtes-vous ?

LE BOHÉMIEN.

Un honnête homme, monsieur le juge.

LE VEIVODE, *haussant les épaules.*

Un honnête homme ! Ecrivez que c'est un fripon ! (*Au Bohémien.*) Quel est votre état ?

LE BOHÉMIEN, *regardant Alphonse.*

Mon état ?...

LE VEIVODE.

Il hésite ; mettez, Asinoff, qu'il n'a pas d'état. Où demeurez vous ?

LE BOHÉMIEN.

J'habite ordinairement Saint-Pétersbourg, monsieur le veivode.

LE VEIVODE.

Ecrivez, Asinoff, qu'il n'a pas de demeure fixe ; que c'est un vagabond, un homme dangereux. (*Au Bohémien.*) Où avez-vous passé la nuit ?

LE BOHÉMIEN.

Dans cette cabane, où je me ressouviendrai toujours d'avoir reçu une cordiale hospitalité.

LE VEIVODE.

Écrivez qu'il s'était introduit chez le pilote Orloff pour le voler.

ORLOFF, *vivement.*

Mais, monsieur le veivode, cela n'est pas possible, et d'ailleurs...

LE VEIVODE.

Silence !

SCÈNE XVII ET DERNIÈRE.

LES PRÉCÉDENTS, UN PAGE.

LE PAGE.

Un paquet du cabinet particulier de l'Empereur, pour M. le capitaine Orloff, commandant le vaisseau le Pierre Ier ; c'est bien ici ?

LE BOHÉMIEN, *à Orloff.*

Eh bien ! (*Orloff lui serre la main.*)

LE PAGE, *au Bohémien.*

C'est vous, monsieur ? (*Le Bohémien désigne Orloff du doigt. Le page, en allant vers Orloff, aperçoit Paola, et s'écrie :* Dieu ! la jolie fille ! — *Il remet le paquet à Orloff.*)

ORLOFF, *ouvre le paquet en tremblant.*

Comment ! il se pourrait ? (*Il lit.*)

« Monsieur, je vous annonce que Sa Majesté l'Empereur vous a choisi pour commander le vaisseau le Pierre Ier; votre instruction, votre expérience et vos connaissances nautiques ont déterminé le choix de Sa Majesté. Le trésorier de sa maison est chargé de vous compter vingt mille roubles pour satisfaire aux premières dépenses que nécessitera votre nouveau grade. L'Empereur me charge aussi de vous dire qu'il vous recevra demain matin, à neuf heures, pour vous donner ses instructions relativement à l'armement de votre vaisseau.

« Recevez, monsieur le capitaine, l'assurance de ma considération distinguée.

« Le ministre d'État, Comte LE FORT. »

TOUS, *excepté le Bohémien.*

Vive l'Empereur !

LE BOHÉMIEN, *à Orloff.*

Eh bien ! m'en croirez-vous une autre fois ? (*Lui secouant la main.*) Recevez mes félicitations, capitaine.

LE PAGE, *qui s'est glissé derrière Paola, s'avance précipitamment, et fixe le Bohémien.*

(*Apart.*) C'est singulier ! cette voix... j'aurais juré que c'était celle de... (*Apercevant Alphonse.*) Tiens ! cette figure ! Mais non, je ne me trompe pas. (*Regardant Paola, et bas à Alphonse.*) Vaurien !

LE BOHÉMIEN, *au Veivode.*

Eh bien ! monsieur le veivode, avez-vous fini, et pouvons-nous, enfin, partir ?

LE VEIVODE, *d'un ton d'importance.*

Vous ?... oui, pour aller en prison !

LE BOHÉMIEN,

Vraiment ! Vous y tenez donc beaucoup ? Mais, au moins, auparavant, vous terminerez votre interrogatoire, n'est-ce pas ? car il me semble que vous avez oublié de me demander une chose assez essentielle, mon nom !

LE VEIVODE, *après avoir lu l'interrogatoire, pousse Asinoff.*

Imbécile ! (*Au Bohémien, d'un ton ironique.*) Et quel est-il, votre nom ?

LE BOHÉMIEN.

Ah ! nous y voilà ; vous allez le savoir, juge intègre. Quant j'ai été baptisé, j'ai reçu le nom de Pierre, et mon père s'appelait Alexis. (*Il arrache sa fausse barbe.*)

TOUS, *s'inclinant.*

L'Empereur !

L'EMPEREUR.

Lui-même, Messieurs. M. le veivode, je saurai vous récompenser comme vous le méritez, de la manière dont vous rendez la justice en mon nom.

LE VEIVODE, *s'inclinant profondément.*

Ah ! Sire, que de bonté !

L'EMPEREUR , *à Orloff.*

Capitaine, j'espère que vous ne m'en voudrez pas d'avoir pris ce déguisemnent pour faire votre connaissance. Je lui dois l'avantage de pouvoir réparer une erreur du Czar mon père. Lisez. (*Il lui remet un papier.*) Mais pas un mot, je vous prie. (*A Alphonse.*) Comte de Butna, l'empereur pourra oublier votre conduite ; mais à une condition : choisissez, ou d'épouser immédiatement la jolie comtesse Orlonsky, ou de partir pour la Sibérie !

ORLOFF , *après avoir lu et s'inclinant.*

Comment, Votre Majesté daigne...

L'EMPEREUR , *gaiement.*

Silence, capitaine !

ALPHONSE.

Sire, j'espère qne Votre Majesté daignera me pardonner, si j'ose résister à sa volonté ; je connais le sort qui m'attend , et je le subirai sans murmurer ; mais, au moins, on ne pourra pas dire que je suis un parjure, et je le serais en consentant au mariage que Votre Majesté me propose. (*Montrant Paola*) J'ai promis ma foi à cette jeune fille, et jamais je n'aurai d'autre épouse.

ORLOFF , *prenant la main d'Alphonse.*

Très bien , M. le comte.

L'EMPEREUR , *souriant.*

Eh bien! à votre aise, M. de Butna, partez donc pour la Sibérie ! (*A Orloff.*) Capitaine , on doit nous attendre pour la cérémonie. (*A Paola.*) Comtesse Orlonski, votre main !

ALPHONSE , *vivement.*

Qu'ai-je entendu... ! Serait-il bien possible , ma Paola serait... ?

L'EMPEREUR , *gaiement.*

Eh bien ! M. le comte, vous n'êtes pas encore parti ?

ALPHONSE.

Oh non ! Sire , je reste.

ORLOFF , *à l'Empereur.*

Sire , combien je dois de remerciments à votre majesté !

L'EMPEREUR.

M. le comte, vous ne m'en devez aucun ; votre père, je le sais, fut injustement condamné ; sa mémoire sera réhabilitée , et ses biens et ses titres vous seront rendus ! (*Se tournant vers la foule.*) Mais, Messieurs, le pasteur doit s'impatienter , partons. (*Il donne la main à Paola , et se trouve en face de Mathéo , qui s'incline d'un air piteux.*) Ah ! oui, je comprends. (*Il lui jette une bourse.*)

MATHÉO , *montrant la bourse.*

Vive l'Empereur! Je ne serai pas pendu! (*On entend la cloche.*)

CHOEUR FINAL.

Allons , allons !
La fête sera belle!
Partons, partons ,
Vite , courons,
La cloche nous appelle !

FIN.

ROUEN. — IMPRIMERIE DE NICÉTAS PERIAUX. (1840.)

www.ingramcontent.com/pod-product-compliance
Lightning Source LLC
Chambersburg PA
CBHW060050090726
47597CB00012B/3567